Mango une marque de Fleurus Éditions
www.fleuruseditions.com

Brigitte Namour

Craquez pour les petits biscuits !

Biscuits de l'Avent, du thé et du goûter

Photos : Valéry Guedes
Réalisation et stylisme : Natacha Arnoult

MANGO

Sommaire

BISCUITS POUR LE GOÛTER

4

Étoiles à la cannelle

Préparation
40 minutes
+ 30 minutes de repos

Cuisson
15 minutes

Ingrédients pour 26 étoiles
250 g de farine
1 œuf entier + 1 jaune
2 cuillerées à soupe de cannelle en poudre
1 clou de girofle
2 cuillerées à soupe de lait
150 g de beurre demi-sel
100 g de cassonade
40 g de sucre glace pour la déco

/ Réduisez le clou de girofle en poudre au mortier. Versez dans un saladier avec la farine et la cannelle. Mélangez. Ajoutez le beurre bien froid en morceaux. Malaxez à la main jusqu'à obtenir un mélange sableux.
/ Dans un bol, fouettez 1 œuf avec la cassonade et le lait. Incorporez en mélangeant à la spatule en bois (ou au robot). Formez une boule de pâte. Réservez-la au réfrigérateur 30 minutes, enveloppée dans du film alimentaire.
/ Préchauffez le four à 190 °C (th. 6).
/ Étalez la pâte sur 1 cm d'épaisseur. Découpez des étoiles à l'aide d'un emporte-pièce. Placez-les sur une plaque recouverte d'une feuille de papier cuisson.
/ Ajoutez une pincée de cannelle au jaune d'œuf restant et fouettez. Badigeonnez le dessus des étoiles et enfournez pour 15 minutes.
/ Laissez les biscuits refroidir sur une grille.
/ Quand les étoiles sont bien froides, parsemez-les de sucre glace.

Biscuits viennois au chocolat

Préparation
20 minutes

Cuisson
10 minutes

Ingrédients pour 12 biscuits
2 cuillerées à soupe de cacao + 2 pour la déco
200 g de farine
1 blanc d'œuf
1 cuillerée à café d'extrait de vanille naturelle
150 g de beurre demi-sel mou
60 g de sucre glace + 2 cuillerées à soupe pour la déco

/ Préchauffez le four à 200 °C (th. 7).
/ Dans un saladier, mélangez la farine et 2 cuillerées à soupe de cacao en poudre.
/ Dans le bol du robot, battez le beurre en pommade avec le sucre glace et l'extrait de vanille. Ajoutez le blanc d'œuf sans cesser de mélanger.
/ Incorporez la farine cacaotée, mélangez et lissez la pâte.
/ Versez un peu de pâte dans une poche à douille cannelée. Sur une plaque de cuisson recouverte de papier sulfurisé, formez des vagues de pâte en les espaçant.
/ Enfournez pour 10 minutes puis laissez refroidir sur une grille.
/ Déposez 2 cuillerées à soupe de cacao dans une passette et saupoudrez les biscuits de poudre de cacao. Parsemez de sucre glace.

Bon à savoir !
Pour le père Noël : parfumez la pommade beurre-sucre avec 1 cuillerée à soupe de whisky.

Biscuits anis et or

Préparation
15 minutes
+ 2 heures de repos

Cuisson
8 minutes

Ingrédients pour 20 biscuits
50 g de graines d'anis vert
300 g de farine
2 œufs
5 cl de beurre fondu
200 g de sucre en poudre
1 pincée de sel
1 feuille d'or

/ Fouettez le sucre avec les œufs. Ajoutez le beurre, l'anis et le sel. Faites mousser pendant 5 à 6 minutes (peut se faire au robot).
/ Ajoutez la farine petit à petit jusqu'à l'obtention d'une pâte homogène.
/ Roulez la pâte en un mince boudin de 5 cm de diamètre. Débitez en rondelles de 5 cm d'épaisseur. Déposez-les sur une plaque recouverte de papier cuisson. Laissez sécher à l'air libre 2 heures.
/ Préchauffez le four à 200 °C (th. 7).
/ Enfournez pour 8 minutes.
/ Décorez d'un éclat de feuille d'or à la sortie du four. Laissez refroidir sur une grille.

Bon à savoir !
Les feuilles d'or ou d'argent se vendent dans les épiceries fines et dans les épiceries indiennes.

Petits biscuits cadeaux

Préparation
45 minutes
+ 2 heures de repos

Cuisson
12 minutes

Ingrédients pour 60 petits biscuits
500 g de farine
3 œufs + 2 jaunes
1 cuillerée à soupe d'extrait de vanille naturelle
1 cuillerée à café de jus de citron
250 g de beurre demi-sel mou
250 g de sucre

/ Battez le beurre en pommade avec l'extrait de vanille et le sucre. Ajoutez les 3 œufs entiers sans cesser de battre puis la farine petit à petit. Formez une boule de pâte. Enveloppez sous film transparent et réservez 2 heures au réfrigérateur.

/ Préchauffez le four à 190 °C (th. 6).

/ Prélevez un tiers de la pâte et réservez le reste au réfrigérateur (afin qu'elle ne se réchauffe pas). Abaissez la pâte au rouleau sur 1 cm d'épaisseur et découpez des figurines à l'aide d'emporte-pièces de 5 cm environ : sapins, étoiles, cœurs, fleurs, cloches, nounours, etc.

/ Déposez-les au fur et à mesure sur une plaque recouverte de papier cuisson.

/ Délayez les jaunes d'œufs avec le jus de citron et badigeonnez les biscuits. Enfournez pour 12 minutes.

/ Pendant ce temps, préparez une seconde fournée avec le reste de la pâte et procédez de la même manière. Faites de même avec la troisième fournée.

/ Laissez refroidir sur une plaque avant de placer les biscuits dans une jolie corbeille au pied du sapin.

Bon à savoir !
Ces petits biscuits peuvent également être glissés par quatre dans des sachets de papier alimentaire transparent, fermés par des rubans de couleur et déposés dans les assiettes de la table de Noël.

Spéculos comme à Bruges

Préparation
20 minutes
+ 30 minutes de repos

Cuisson
10 minutes

Ingrédients pour 20 spéculos
180 g de farine
1 cuillerée à café de bicarbonate de soude
1 jaune d'œuf
1 cuillerée à café de cannelle
1 cuillerée à café de cardamome
125 g de beurre demi-sel
125 g de vergeoise brune

/ Dans un saladier, mélangez la farine avec la cannelle, la cardamome et le bicarbonate.
/ Dans le bol du robot, battez le beurre en pommade avec la vergeoise. Ajoutez le jaune d'œuf. Mélangez.
/ Incorporez la farine aux épices. Mélangez et mettez en boule. Enveloppez sous film alimentaire transparent et réservez 30 minutes au réfrigérateur.
/ Préchauffez le four à 180 °C (th. 6).
/ Étalez la pâte au rouleau sur ½ cm d'épaisseur. Découpez des rectangles. Déposez-les sur une plaque recouverte d'une feuille de papier cuisson.
/ Enfournez pour 10 minutes.
/ Laissez refroidir sur une grille. Ils durcissent en refroidissant.

Bon à savoir !
Les spéculos doivent leur saveur particulière à la vergeoise brune, à ne pas confondre avec la cassonade. À l'origine, ces biscuits étaient préparés en Belgique uniquement pour la Saint-Nicolas, aujourd'hui ils se dégustent toute l'année.

Escargots marbrés

Préparation
40 minutes
+ 1 h 30 de repos

Cuisson
10 minutes

Ingrédients pour
26 escargots marbrés
50 g de cacao non sucré
380 g de farine
1 cuillerée à café de levure chimique
1 œuf
½ cuillerée à café d'extrait de vanille naturelle
250 g de beurre demi-sel
125 g de sucre glace

/ Dans le bol du robot, mélangez la farine avec la levure et le sucre. Ajoutez le beurre coupé en morceaux et la vanille puis l'œuf. Mélangez rapidement jusqu'à obtenir une pâte homogène.
/ Prélevez la moitié de la pâte, formez une boule, enveloppez-la de film alimentaire.
/ Ajoutez le cacao en poudre dans l'autre moitié de la pâte, mélangez puis mettez en boule. Enveloppez de film alimentaire et placez les deux boules au réfrigérateur pendant 1 heure.
/ Étalez la pâte à la vanille au rouleau en un rectangle de 1 cm d'épaisseur. Faites de même pour la pâte au cacao. Posez-les l'une sur l'autre et roulez-les en un gros boudin de 10 cm de diamètre. Enveloppez dans du film alimentaire et réservez 30 minutes au congélateur.
/ Préchauffez le four à 190 °C (th. 6).
/ Découpez le boudin de pâte glacé en 24 rondelles fines et déposez-les sur une plaque recouverte d'une feuille de papier cuisson. Enfournez pour 12 minutes.
/ Laissez refroidir sur une grille.

Boules de Noël aux oranges confites

Préparation
40 minutes
+ 30 minutes de repos

Cuisson
12 minutes

Ingrédients pour 20 boules de Noël
50 g d'orange confite
250 g de farine
½ cuillerée à café de levure
2 œufs
2 cuillerées à soupe d'eau de fleur d'oranger + 4 gouttes
150 g de beurre demi-sel
60 g de cassonade
80 g de sucre glace pour le glaçage

/ Débitez les oranges confites en petits morceaux.

/ Dans un saladier, mélangez la farine et la levure. Ajoutez le beurre bien froid en morceaux. Malaxez à la main jusqu'à obtenir un mélange sableux.

/ Dans un bol, fouettez 1 œuf avec la cassonade et 1 cuillerée d'eau de fleur d'oranger. Incorporez en mélangeant à la spatule en bois (peut se faire au robot). Ajoutez les morceaux d'orange confite. Mettez rapidement la pâte en boule. Réservez au réfrigérateur 30 minutes, enveloppée sous un film alimentaire transparent.

/ Préchauffez le four à 190 °C (th. 6).

/ Étalez la pâte sur 1 cm d'épaisseur. Découpez des ronds de 10 cm de diamètre à l'aide d'un emporte-pièce. Avec un crayon, percez un trou en haut des ronds (pour y passer le ruban d'attache). Placez-les sur une plaque recouverte d'une feuille de papier cuisson.

/ Séparez le jaune du blanc de l'œuf restant et placez-les dans deux bols. Ajoutez le reste d'eau de fleur d'oranger au jaune d'œuf et fouettez. Badigeonnez le dessus des ronds et enfournez pour 12 minutes.

/ Laissez les ronds refroidir sur une grille et préparez le glaçage en mélangeant le sucre glace avec 2 cuillerées à café de blanc d'œuf et 4 gouttes d'eau de fleur d'oranger.

/ À l'aide d'un pinceau, dessinez des motifs de glaçage. Laissez durcir. Passez des rubans dans les trous et suspendez les boules au sapin.

Bon à savoir !
Faites une autre fournée de boules et décorez avec 100 g de chocolat noir fondu.

Miroirs aux groseilles

Préparation
40 minutes
+ 1 heure de repos

Cuisson
12 minutes

Ingrédients pour 12 miroirs
30 g de gelée de groseille
30 g d'amandes en poudre
250 g de farine
1 œuf entier + 1 jaune
1 cuillerée à soupe de kirsch
160 g de beurre demi-sel mou
80 g de sucre glace

/ Battez le beurre en pommade avec le kirsch. Ajoutez le sucre, les amandes en poudre et l'œuf entier. Mélangez puis incorporez la farine et formez rapidement une boule.
/ Enveloppez la pâte dans du film alimentaire et gardez 1 heure au réfrigérateur.
/ Préchauffez le four à 190 °C (th. 6).
/ Abaissez la pâte au rouleau sur le plan de travail légèrement fariné sur 1 cm d'épaisseur. Découpez 24 étoiles à l'aide d'un emporte-pièce.
/ Déposez 12 étoiles sur une plaque recouverte de papier cuisson.
/ Découpez dans les étoiles restantes des étoiles plus petites. Déposez ces étoiles creuses sur les étoiles pleines et dorez au jaune d'œuf.
/ Garnissez le centre des biscuits de gelée de groseille et enfournez pour 12 minutes.
/ Laissez refroidir sur une grille.

Bon à savoir !
Les miroirs peuvent prendre la forme de ronds ou de carrés, selon l'emporte-pièce choisi.

Demi-lunes chocolat-pistache

Préparation
40 minutes
+ 30 minutes de repos

Cuisson
15 minutes

Ingrédients pour 12 lunes de 8 cm de hauteur
3 cuillerées à soupe de cacao non sucré
30 g de pistaches non salées
250 g de farine
½ cuillerée à café de levure
1 œuf
2 cuillerées à soupe de lait
150 g de beurre demi-sel
120 g de sucre en poudre

/ Réduisez les pistaches en poudre au mortier ou au robot. Réservez dans un bol.
/ Dans un saladier, mélangez la farine, la levure et le cacao. Ajoutez le beurre bien froid en morceaux. Malaxez à la main jusqu'à obtenir un mélange sableux.
/ Dans un bol, fouettez 1 œuf avec le sucre et le lait. Incorporez en mélangeant à la spatule en bois (ou au robot). Formez rapidement une boule de pâte. Réservez-la au réfrigérateur 30 minutes, enveloppée dans du film alimentaire.
/ Préchauffez le four à 190 °C (th. 6).
/ Étalez la pâte sur 1 cm d'épaisseur. Découpez des lunes à l'aide d'un emporte-pièce. Placez-les sur une plaque recouverte d'une feuille de papier cuisson.
/ Enfournez pour 15 minutes. Parsemez de pistaches en poudre. Laissez refroidir sur une grille.

Bon à savoir !
Si vous n'avez pas d'emporte-pièce en forme de lune, découpez des ronds dans la pâte à l'aide d'un verre retourné et coupez le rond en deux avec un couteau.

Bonshommes en pain d'épice

Préparation
20 minutes
+ une nuit de repos

Cuisson
15 minutes

Ingrédients pour 10 bonshommes de 9 cm de hauteur
125 g de farine
125 g de farine complète
1 cuillerée à café de bicarbonate de soude
1 œuf
1 cuillerée à café de cannelle
1 cuillerée à café de gingembre en poudre
1 cuillerée à café de cardamome
1 clou de girofle broyé
3 cuillerées à soupe de lait
250 g de miel de sapin

Pour la déco
Sucre glace
Billes de sucre colorées

/ Dans une casserole, faites fondre le miel avec le lait. Laissez tiédir.
/ Séparez le jaune et le blanc d'œuf.
/ Mélangez dans un saladier les deux farines, le bicarbonate et les épices. Ajoutez le miel puis le jaune d'œuf. Mélangez jusqu'à obtenir une pâte bien lisse. Recouvrez et laissez reposer à température ambiante pendant une nuit.
/ Préchauffez le four à 190 °C (th. 6).
/ Étalez la pâte sur le plan de travail légèrement fariné sur 1 cm d'épaisseur. Découpez des bonshommes avec un emporte-pièce.
/ Déposez-les délicatement sur une plaque recouverte d'une feuille de papier cuisson. Enfournez pour 15 minutes.
/ Laissez refroidir avant de saupoudrer de sucre glace et de billes de sucre colorées.

Bon à savoir !
Attention, tant qu'ils ne sont pas cuits et totalement refroidis, les bonshommes sont très fragiles.

Demi-lunes au thé vert

Préparation
30 minutes
+ 1 heure de repos

Cuisson
12 minutes

Ingrédients pour 20 demi-lunes
2 cuillerées à soupe de thé vert matcha
250 g de farine
½ cuillerée à café de levure
1 œuf
2 cuillerées à soupe de lait
120 g de beurre demi-sel
80 g de sucre glace

Pour la déco
1 cuillerée à café de thé vert matcha
2 cuillerées à soupe de sucre glace

/ Dans un saladier, mélangez la farine et la levure. Ajoutez le beurre bien froid en morceaux. Malaxez à la main jusqu'à obtenir un mélange sableux.

/ Dans un bol, diluez le thé vert dans le lait. Ajoutez l'œuf et le sucre puis fouettez. Incorporez à la farine en mélangeant à la spatule en bois (peut se faire au robot). Mettez rapidement la pâte en boule.

/ Aplatissez la pâte au rouleau puis roulez-la en un gros boudin de 8 cm de diamètre. Enveloppez-la d'un film alimentaire et réservez 1 heure au réfrigérateur.

/ Préchauffez le four à 190 °C (th. 6).

/ Débitez le rouleau de pâte en 10 rondelles de 1 cm d'épaisseur. Coupez chaque rondelle en deux. Déposez-les sur une plaque à pâtisserie recouverte d'une feuille de papier cuisson.

/ Enfournez pour 12 à 15 minutes.

/ Laissez refroidir sur une grille. Mélangez le sucre glace et le thé vert puis saupoudrez les demi-lunes de ce mélange.

Amaretti

Préparation
30 minutes

Cuisson
15 minutes

Ingrédients pour 20 amaretti
180 g d'amandes émondées
2 blancs d'œufs
1 cuillerée à café d'extrait d'amande amère
190 g de sucre glace

/ Préchauffez le four à 180 °C (th. 6).
/ Mixez très finement les amandes en poudre.
/ Ajoutez 160 g de sucre puis les blancs d'œufs et l'extrait d'amande amère. Mélangez jusqu'à l'obtention d'une pâte.
/ Formez 20 petites boules, saupoudrez-les du sucre glace restant. Déposez-les sur une plaque recouverte d'une feuille de papier cuisson.
/ Enfournez pour 15 minutes.
/ Laissez refroidir sur la feuille de papier cuisson. Les biscuits vont « croûter » et il sera facile de les décoller.

Bon à savoir !
La pâte colle aux mains, enduisez-les légèrement d'huile avant de former les petites boules.

Tuiles miel-amandes

Préparation
20 minutes

Cuisson
8 minutes

Ingrédients pour 20 tuiles
4 cuillerées à soupe de miel liquide
100 g d'amandes effilées
60 g de farine
1 blanc d'œuf
50 g de beurre demi-sel

/ Préchauffez le four à 200 °C (th. 7).

/ Faites fondre le beurre.

/ Battez le beurre fondu et le miel dans un saladier. Quand le mélange est bien lisse, ajoutez le blanc d'œuf et fouettez vivement. Incorporez la farine et mélangez.

/ Ajoutez les amandes et mélangez à nouveau.

/ Sur une plaque recouverte d'une feuille de papier cuisson, déposez des petits tas de pâte à l'aide d'une cuillère à café, en lissant avec le dos de la cuillère pour les étaler finement.

/ Enfournez pour 8 à 10 minutes jusqu'à ce que les bordures soient dorées.

/ Dès la sortie du four, posez les tuiles sur des bouteilles pour leur faire prendre une forme incurvée.

/ Laissez refroidir sur une grille.

Biscuits aux noisettes

Préparation
20 minutes
+ 1 nuit de séchage

Cuisson
12 minutes

Ingrédients pour 16 biscuits
70 g de noisettes
150 g de farine
1 jaune d'œuf
200 g de beurre demi-sel mou
120 g de cassonade

/ Mixez les noisettes pour les réduire en une fine poudre. Réservez 2 cuillerées à soupe de noisettes en poudre pour le décor.

/ Dans une poêle à revêtement antiadhésif, mettez la poudre de noisettes à griller à sec. Remuez sans arrêt à la spatule en bois jusqu'à ce que la poudre soit grillée sans être brûlée.

/ Préchauffez le four à 200 °C (th. 7).

/ Dans le bol du robot, mélangez le beurre en pommade avec la cassonade. Ajoutez l'œuf. Mélangez puis incorporez la poudre de noisettes. Mélangez puis versez la farine. Mélangez encore soigneusement.

/ Recouvrez une plaque d'une feuille de papier cuisson.

/ À l'aide d'une cuillère à glace, prélevez des boules de pâte. Déposez-les sur la plaque en les espaçant de 3 cm. Saupoudrez de la poudre de noisettes réservée et enfournez pour 12 minutes.

/ Laissez refroidir sur la plaque avant de décoller les biscuits. Laissez-les sécher à l'air libre une nuit avant de déguster.

Langues de chat arabica-praliné

Préparation
20 minutes

Cuisson
5 minutes

Ingrédients pour 20 langues de chat
2 sticks de café soluble (4 g)
4 cuillerées à soupe de pralin haché
120 g de farine
2 blancs d'œufs
100 g de beurre demi-sel mou
100 g de sucre glace

/ Préchauffez le four à 200 °C (th. 7).
/ Battez le beurre mou et le sucre en pommade dans un saladier. Quand le mélange est bien lisse, ajoutez les blancs d'œufs et fouettez vivement. Incorporez le café et fouettez.
/ Versez la farine et mélangez. Ajoutez le pralin et mélangez à nouveau.
/ Remplissez une poche à douille avec la pâte. Formez d'épais bâtons espacés de 3 cm sur une plaque recouverte d'une feuille de papier cuisson.
/ Enfournez pour 5 minutes. Laissez refroidir sur une grille. Laissez durcir à l'abri de l'humidité quelques heures avant de déguster.

Bon à savoir !
Si vous n'avez pas de poche à douille : placez un petit sac de congélation dans un verre doseur. Garnissez-le de pâte. Coupez l'une des pointes du sac et poussez la pâte vers la sortie.

Shortbread au gingembre

Préparation
20 minutes
+ 1 heure de repos

Cuisson
45 à 50 minutes

Ingrédients pour 24 shortbread
3 cuillerées à soupe de gingembre en poudre
250 g de farine
100 g de Maïzena®
250 g de beurre mou
150 g de sucre en poudre
1 cuillerée à café de fleur de sel
Beurre et farine pour le moule

/ Dans le bol du robot, battez le beurre mou coupé en gros morceaux avec le sucre, le gingembre et le sel. Mélangez intimement.

/ Ajoutez la Maïzena® et mélangez à nouveau. Incorporez la farine, mélangez et mettez en boule rapidement.

/ Beurrez puis farinez un plat à tarte rectangulaire de 30 x 22 cm. Répartissez la pâte de manière homogène sur 2 cm d'épaisseur en appuyant du plat de la main. Couvrez de film alimentaire et réservez 1 heure au réfrigérateur.

/ Préchauffez le four à 160 °C (th. 5-6).

/ Enfournez le plat dans la partie haute du four. Faites cuire pendant 45 à 50 minutes. Le biscuit doit cuire sans colorer.

/ À la sortie du four, découpez 24 rectangles étroits dans la pâte encore tendre, à l'aide d'un couteau pointu. Percez ensuite les biscuits de petits trous à l'aide de la pointe d'une brochette en bois.

/ Laissez totalement refroidir avant de séparer les biscuits.

Biscuits aux graines de tournesol

Préparation
20 minutes

Cuisson
15 minutes

Ingrédients pour
30 biscuits environ
100 g de graines de tournesol décortiquées
60 g d'abricots secs
50 g de pignons de pin
400 g de farine
1 cuillerée à café de levure chimique
2 œufs
2 cuillerées à soupe d'amaretto
100 g de beurre demi-sel
200 g de sucre en poudre

/ Préchauffez le four à 180 °C (th. 6).
/ Coupez les abricots en petits morceaux. Faites griller les pignons à sec dans une poêle à revêtement antiadhésif en remuant sans arrêt.
/ Dans une casserole, faites fondre le beurre. Ajoutez l'amaretto hors du feu. Laissez tiédir.
/ Dans le bol du robot, battez le sucre avec le beurre fondu. Faites mousser. Ajoutez les œufs un à un sans cesser de mélanger. Versez la farine avec la levure. Mélangez.
/ Incorporez les abricots et les graines de tournesol. Mélangez et mettez la pâte en boule.
/ Déposez des petits tas de pâte sur une plaque recouverte d'une feuille de papier cuisson et enfournez pour 15 minutes.
/ Laissez refroidir sur une grille.

Biscuits tendres aux cranberries

Préparation
15 minutes

Cuisson
12 minutes

Ingrédients pour 12 biscuits tendres
60 g de cranberries séchées
+ 2 cuillerées à soupe
1 cuillerée à café d'extrait
de rose culinaire
80 g de farine
2 œufs
80 g de beurre
80 g de sucre en poudre

/ Préchauffez le four à 190 °C (th. 6).
/ Faites fondre le beurre dans un grand bol (bain-marie ou four à micro-ondes). Laissez tiédir puis ajoutez l'extrait de rose et le sucre. Fouettez.
/ Incorporez les œufs un à un tout en fouettant, puis ajoutez la farine. Lissez bien la pâte. Ajoutez les cranberries. Mélangez.
/ Répartissez 1 cuillerée à café dans des moules individuels de votre choix (empreinte de moule souple pour navettes, financiers, etc.). Parsemez de quelques cranberries et enfournez pour 12 minutes.
/ Laissez refroidir sur une grille.

Bon à savoir !
La cranberry est une délicieuse airelle d'Amérique du Nord appelée en France la canneberge, mais son nom américain a tendance à se généraliser.

Palets rhum-raisins

Préparation
20 minutes

Cuisson
10 minutes

Ingrédients pour 24 palets
60 g de raisins secs
5 cl de rhum ambré
150 g de farine
2 œufs
125 g de beurre demi-sel
125 g de sucre en poudre

/ Faites gonfler les raisins dans le rhum 1 heure avant la préparation.
/ Préchauffez le four à 190 °C (th. 6).
/ Égouttez les raisins, réservez-les et versez le rhum dans un saladier.
/ Ajoutez le beurre mou et le sucre. Battez en pommade puis incorporez les œufs un à un. Battez et versez la farine d'un seul coup et mélangez à la cuillère en bois.
/ Incorporez les raisins secs et mélangez.
/ Recouvrez une plaque d'une feuille de papier cuisson. À l'aide de deux petites cuillères, déposez des petits tas de pâte de la taille d'une grosse noix bien espacés sur la plaque. Enfournez pour 10 minutes.
/ Laissez refroidir sur une grille.

Bon à savoir !
Pour obtenir des palets bien ronds : déposez 1 cuillerée à café de pâte dans le fond de moules individuels à muffins et enfournez.

Sablés au citron

Préparation
30 minutes
+ 1 heure de repos

Cuisson
12 minutes

Ingrédients pour 20 sablés
1 citron
250 g de farine
1 cuillerée à café de levure chimique
1 œuf
120 g de beurre demi-sel
60 g de sucre glace
+ un peu pour la déco

/ Prélevez le zeste du citron et débitez-le en fins bâtonnets jusqu'à obtenir 2 cuillerées à soupe de zestes. Pressez 1/2 citron et réservez 2 cuillerées à soupe de jus.
/ Dans un bol, battez le sucre glace avec l'œuf et les 2 cuillerées à soupe de jus de citron.
/ Versez la farine, la levure et les zestes de citron dans un saladier et ajoutez le beurre en morceaux. Froissez entre les doigts jusqu'à obtenir un mélange sableux.
/ Incorporez le contenu du bol en mélangeant rapidement à la main. Versez sur le plan de travail légèrement fariné et roulez la pâte en boule.
/ Aplatissez la boule puis formez un rouleau de 5 cm de diamètre environ. Enveloppez-le dans une feuille de papier cuisson et réservez au réfrigérateur 1 heure.
/ Préchauffez le four à 190 °C (th. 6).
/ Débitez le rouleau de pâte en rondelles de 1 cm d'épaisseur. Déposez-les sur une plaque à pâtisserie recouverte d'une feuille de papier cuisson.
/ Enfournez pour 12 à 15 minutes.
/ Laissez refroidir les sablés sur une grille et saupoudrez-les de sucre glace avant de servir.

Mini-meringues

Préparation
30 minutes

Cuisson
2 heures

Ingrédients pour 30 mini-meringues
6 blancs d'œufs
210 g de sucre en poudre
Colorants alimentaires naturels
de la couleur de votre choix

/ Préchauffez le four à 90-100 °C (th. 3).

/ Versez 2 blancs d'œufs dans le bol du robot avec 70 g de sucre. Fouettez pendant 10 à 12 minutes jusqu'à ce que des pointes fermes et brillantes apparaissent.

/ Saupoudrez d'une pincée de colorant et mélangez doucement. Renouvelez jusqu'à obtenir l'intensité de couleur désirée. (Pour du rose : un peu de colorant rouge ; pour de l'orange : un mélange de rouge et jaune, etc.)

/ À l'aide d'une cuillère à soupe ou d'une poche à douille, déposez 10 petits tas de pâte ronds sur une plaque recouverte d'une feuille de papier sulfurisé. Enfournez pour 2 heures.

/ Les meringues sont cuites lorsqu'elles se décollent facilement du papier. Laissez refroidir et durcir sur une grille quelques heures.

/ Procédez de la même manière en deux autres fournées avec les blancs d'œufs restants en variant les colorants.

Fleurs aux cristaux de sucre

Préparation
20 minutes
+ 30 minutes de repos

Cuisson
8 minutes

Ingrédients pour 24 fleurs
200 g de farine
½ cuillerée à café de levure en poudre
1 œuf
1 cuillerée à café d'extrait de vanille naturelle
90 g de beurre demi-sel mou
100 g de sucre en poudre
100 g de sucre cristallisé rose

/ Dans le bol du robot, battez le beurre mou, l'extrait de vanille et le sucre en pommade. Quand le mélange est bien mousseux, ajoutez l'œuf. Versez la farine et la levure d'un seul coup et mélangez. Formez une boule.
/ Abaissez la pâte sur le plan de travail légèrement fariné sur ½ cm d'épaisseur. Découpez des fleurs à l'aide d'un emporte-pièce. Placez-les sur deux plaques recouvertes de papier cuisson et réservez 30 minutes au réfrigérateur.
/ Préchauffez le four à 190 °C (th. 6).
/ Sortez les plaques du réfrigérateur. Enfournez pour 6 à 8 minutes. Les biscuits doivent être blonds. Laissez refroidir sur une grille.
/ Saupoudrez les fleurs de cristaux de sucre rose.

Bon à savoir !
Avec les chutes de pâte, reformez une boule et placez-la 15 minutes au congélateur avant de la travailler à nouveau.

Barres muesli, caramel et chocolat

Préparation
20 minutes
+ 1 nuit au réfrigérateur

Cuisson
5 minutes

Ingrédients pour 26 barres
400 g de muesli aux fruits secs
400 g de chocolat noir
100 g de caramel liquide
50 g de cacao en poudre non sucré
200 g de beurre

/ Dans une casserole, faites fondre à feu doux 200 g de chocolat en morceaux avec le beurre et le caramel. Mélangez et ajoutez le cacao. Lissez la pâte.

/ Hors du feu, ajoutez le muesli et mélangez. Versez dans un plat rectangulaire ou carré, sur 5 cm d'épaisseur. Égalisez bien et tassez avec le dos d'une cuillère.

/ Faites fondre les 200 g de chocolat restants au micro-ondes ou au bain-marie et nappez le tout.

/ Placez une nuit au réfrigérateur puis démoulez et découpez des barres de 5 cm de large.

Bon à savoir !
Cette recette est excellente également avec du chocolat au lait.

Biscuits aux noix

Préparation
30 minutes

Cuisson
10 minutes

Ingrédients pour 12 biscuits
100 g de cerneaux de noix
100 g de cassonade
200 g de farine
1 blanc d'œuf
1 cuillerée à café d'extrait de vanille
150 g de beurre demi-sel
50 g de sucre glace

/ Préchauffez le four à 200 °C (th. 7).
/ Versez la cassonade dans une casserole avec 2 cuillerées à soupe d'eau. Mélangez à feu doux jusqu'à obtenir un caramel roux. Versez aussitôt les cerneaux de noix. Mélangez hors du feu pour bien les enrober de caramel. Versez sur une assiette et laissez refroidir.
/ Dans le bol du robot, battez le beurre en pommade avec le sucre glace et l'extrait de vanille. Ajoutez le blanc d'œuf sans cesser de mélanger, puis la farine et enfin les noix caramélisées. Mélangez délicatement.
/ À l'aide de deux cuillères à café, déposez des petites boules de pâte bombées sur une plaque à pâtisserie recouverte d'une feuille de papier cuisson. Espacez-les de 3 cm.
/ Enfournez pour 10 minutes puis laissez refroidir sur une grille.

Bon à savoir !
Ces biscuits sont meilleurs le jour même.

Cookies de filles

Préparation
20 minutes

Cuisson
15 minutes

Ingrédients pour 12 cookies
100 g de pralines roses
100 g de chocolat blanc
60 g de pignons de pin
220 g de farine
2 œufs
1 gousse de vanille
100 g de beurre demi-sel
100 g de sucre en poudre

/ Préchauffez le four à 190 °C (th. 6).

/ Faites griller les pignons à sec dans une poêle à revêtement antiadhésif en remuant sans arrêt.

/ Concassez les pralines en les enveloppant dans un torchon et en tapant dessus avec un rouleau à pâtisserie.

/ Coupez le chocolat en morceaux à l'aide de ciseaux de cuisine.

/ Dans le bol du robot, battez le beurre et le sucre. Faites mousser. Coupez la gousse de vanille en deux dans la longueur et grattez les graines avec un couteau. Ajoutez-les puis incorporez les œufs un à un sans cesser de mélanger.

/ Incorporez la farine et mélangez. Ajoutez les pralines, les pignons et le chocolat blanc. Mélangez délicatement.

/ Sur une plaque à pâtisserie recouverte d'une feuille de papier cuisson, déposez 6 tas de pâte espacés de 3 cm. Arrondissez avec le dos d'une cuillère. Enfournez pour 15 minutes. Renouvelez l'opération pour obtenir 12 cookies.

/ Laissez refroidir complètement sur une grille.

Bon à savoir !
Ces cookies sont très bons aussi avec des cranberries séchées à la place des pralines.

Biscuits banane, citron vert et coco

Préparation
30 minutes

Cuisson
12 minutes

Ingrédients pour 20 biscuits
2 bananes
120 g de noix de coco râpée
+ 2 cuillerées à soupe
2 cuillerées à soupe de zestes de citron vert
1 cuillerée à soupe de jus de citron vert
150 g de farine
1 œuf
180 g de beurre demi-sel
100 g de sucre glace

/ Épluchez les bananes. Préchauffez le four à 200 °C (th. 7).
/ Dans le bol du robot, mélangez le beurre avec le sucre. Faites mousser. Sans cesser de mélanger, ajoutez l'œuf, les bananes en morceaux, le jus de citron vert et les zestes. Lissez bien la pâte.
/ Incorporez la farine, mélangez, puis ajoutez la noix de coco râpée.
/ À l'aide de deux cuillères à soupe, répartissez la pâte en petits tas sur une plaque recouverte d'une feuille de papier cuisson. Espacez-les de 3 cm. Parsemez chaque petit tas d'une pincée de noix de coco râpée.
/ Enfournez pour 12 minutes puis laissez refroidir sur une grille.

Bon à savoir !
Ces biscuits sont encore meilleurs le lendemain.

Biscuits fourrés à la confiture de lait

Préparation
30 minutes
+ 1 heure de repos

Cuisson
15 minutes

Ingrédients pour 20 biscuits fourrés
200 g de confiture de lait
500 g de farine
10 cl de lait
300 g de beurre demi-sel
50 g de sucre glace

/ Dans le bol du robot, mélangez le sucre glace avec la farine. Ajoutez le beurre en morceaux et mélangez jusqu'à obtenir un mélange sableux.
/ Versez le lait, mélangez et mettez la pâte en boule. Enveloppez de film alimentaire et réservez 1 heure au réfrigérateur.
/ Préchauffez le four à 190 °C (th. 6).
/ Coupez la boule de pâte en deux. Réservez une moitié au réfrigérateur. Abaissez l'autre moitié sur le plan de travail légèrement fariné. À l'aide d'un emporte-pièce, découpez des ronds de pâte de 8 cm de diamètre.
/ Placez-les sur une plaque recouverte d'une feuille de papier cuisson. Enfournez pour 15 minutes. Laissez refroidir sur une grille.
/ Procédez de la même manière avec l'autre moitié de pâte.
/ 30 minutes avant de déguster, tartinez un biscuit sur deux de confiture de lait. Assemblez les biscuits deux par deux.

Bon à savoir !
Pour faire de la confiture de lait maison : versez 400 g de lait concentré sucré dans un bol placé au bain-marie et hermétiquement couvert. Faites cuire 5 heures en remuant de temps en temps. Réservez au réfrigérateur une nuit.
Vous pouvez dessiner un sourire et des yeux sur le biscuit du dessus avec la pointe d'un couteau trempée dans la confiture de lait.

Petits nids sésame-fraise

Préparation
20 minutes

Cuisson
20 minutes

Ingrédients pour 12 petits nids
120 g de graines de sésame blanc
40 g de confiture de fraises
180 g de farine
1 œuf
1 cuillerée à café d'extrait de vanille naturel
100 g de beurre demi-sel mou
100 g de miel liquide + 2 cuillerées à soupe

/ Séparez le blanc du jaune d'œuf.

/ Dans le bol du robot, mélangez le beurre mou, l'extrait de vanille et les 100 g de miel. Ajoutez le jaune d'œuf tout en mélangeant. Incorporez la farine, mélangez. Mettez en boule.

/ Dans un bol, battez le blanc d'œuf à la fourchette avec le reste de miel.

/ Préchauffez le four à 190 °C (th. 6).

/ Aplatissez la boule de pâte du plat de la main sur le plan de travail légèrement fariné. Formez 12 boulettes de la taille d'une grosse noix.

/ Roulez-les dans le blanc d'œuf au miel puis dans les graines de sésame étalées dans une assiette creuse. Appuyez pour bien faire adhérer.

/ Déposez les boulettes sur une plaque recouverte d'une feuille de papier cuisson. Enfoncez un doigt dans chaque boulette afin de creuser le centre pour former un nid. Enfournez pour 20 minutes.

/ Sortez du four et enfoncez l'extrémité d'une cuillère en bois dans le creux de la pâte pour bien former le nid.

/ Laissez complètement refroidir sur une grille avant de garnir de confiture de fraises.

Bon à savoir !
Ces biscuits sont excellents avec une marmelade d'oranges amères ou, meilleur encore, avec du chèvre frais fouetté au miel.

Cookies aux cacahuètes, pistaches et chocolat

Préparation
20 minutes

Cuisson
15 minutes

Ingrédients pour 12 cookies
50 g de cacahuètes grillées salées
50 g de pistaches
50 g de pépites de chocolat noir
180 g de farine
2 œufs
150 g de beurre de cacahuètes
30 g de beurre
100 g de cassonade

/ Préchauffez le four à 190 °C (th. 6).
/ Dans le bol du robot, battez le beurre de cacahuètes avec le beurre et la cassonade. Ajoutez les œufs un à un sans cesser de mélanger. Versez la farine d'un coup et mélangez bien.
/ Incorporez les cacahuètes, les pistaches et les pépites de chocolat. Mélangez doucement.
/ Prélevez l'équivalent d'une grosse cuillerée à soupe de pâte, mettez-la en boule avec vos mains et déposez-la sur une plaque recouverte d'une feuille de papier cuisson. Renouvelez l'opération jusqu'à épuisement de la pâte.
/ Aplatissez la pâte en forme de rond du plat de la main et enfournez pour 15 minutes. Les cookies doivent être blonds.
/ Laissez refroidir sur la plaque puis sur une grille.

Bon à savoir !
Ces cookies se conservent 3 à 5 jours dans une boîte ou un bocal hermétique.

Crok' Chok' Cookies

Préparation
20 minutes

Cuisson
15 minutes

Ingrédients pour 12 cookies
100 g de pop-corn caramélisé
50 g de noix de pécan
50 g de chocolat noir à dessert
2 cuillerées à soupe de poudre de cacao non sucré
220 g de farine
2 œufs
1 cuillerée à soupe de rhum ambré
100 g de beurre demi-sel
100 g de sucre en poudre

/ Préchauffez le four à 190 °C (th. 6).

/ Dans un bol, faites fondre le beurre au bain-marie ou au four à micro-ondes. Ajoutez le rhum, mélangez et laissez tiédir.

/ Cassez le chocolat noir en petits morceaux à l'aide d'une paire de ciseaux de cuisine.

/ Versez le beurre fondu dans un saladier et ajoutez le sucre et le cacao en poudre, fouettez puis incorporez les œufs. Fouettez puis versez la farine petit à petit en remuant à la cuillère en bois.

/ Ajoutez le pop-corn caramélisé, les noix de pécan concassées et les morceaux de chocolat noir. Mélangez.

/ Sur une plaque à pâtisserie recouverte d'une feuille de papier cuisson, déposez 6 tas de pâte espacés de 3 cm. Aplatissez avec le dos d'une cuillère. Enfournez pour 15 minutes. Renouvelez l'opération pour obtenir 12 cookies.

/ Laissez refroidir complètement sur une grille avant de déguster.

Équivalences

MESURES LIQUIDES

SYSTÈME MÉTRIQUE	SYSTÈME AMÉRICAIN	AUTRE NOM
5 ml	1 cuillère à thé (cuillère à café française)	
15 ml	1 cuillère à table (cuillère à soupe française)	
35 ml	1/8 cup (tasse française)	1 oz (ou once)
65 ml	1/4 cup ou 1/4 grand verre	2 oz
125 ml	1/2 cup ou 1/2 grand verre	4 oz
250 ml	1 cup ou 1 grand verre	8 oz
500 ml	2 cups ou 1 pinte	
1 litre	4 cups ou 2 pintes	

MESURES SOLIDES

SYSTÈME MÉTRIQUE	SYSTÈME AMÉRICAIN	AUTRE NOM
30 g	1 oz	
55 g	1/8 lbs	2 oz
115 g	1/4 lbs	4 oz
170 g	3/8 lbs	6 oz
225 g	1/2 lbs	8 oz
454 g	1 livre	16 oz

CHALEUR DU FOUR

CHALEUR	° CELSIUS	THERMOSTAT	° FAHRENHEIT
Très doux	70 °C	Th. 2-3	150 °F
Doux	100 °C	Th. 3-4	200 °F
	120 °C	Th. 4	250 °F
Moyen	150 °C	Th. 5	300 °F
	180 °C	Th. 6	350 °F
Chaud	200 °C	Th. 6-7	400 °F
	230 °C	Th. 7-8	450 °F
Très chaud	260 °C	Th. 8-9	500 °F

Du même auteur…

…dans la même collection

- Craquez pour Bali !
- Craquez pour le tiramisu !
- Craquez pour le surimi !
- Craquez pour la banane !
- Craquez pour les wraps !
- Craquez pour le Petit Billy !
- Craquez pour les tartares !
- Craquez pour les sablés !
- Craquez pour le chocolat !
- Craquez pour les lasagnes !
- Craquez pour la sardine !
- Craquez pour les soufflés !
- Craquez pour les tartes !
- Craquez pour le risotto !
- Craquez pour les yaourts !
- Craquez pour les cupcakes !
- Craquez pour le pain grillé !
- Craquez pour les petits farcis !
- Craquez pour la noix de coco !
- Craquez pour les brochettes !
- Craquez pour les œufs cocotte !
- Craquez pour le pain maison !
- Craquez pour les tourtes et pies !
- Craquez pour les barres céréales !
- Craquez pour les crevettes !
- Craquez pour les Saint-Jacques !
- Craquez pour les crèmes maison !
- Craquez pour le foie gras !
- Craquez pour les boulettes !
- Craquez pour les terrines !
- Craquez pour les charlottes !
- Craquez pour la crème de marrons !
- Craquez pour les gâteaux renversés !
- Craquez pour les moelleux sucrés !
- Craquez pour le croque-monsieur !
- Craquez pour les moelleux salés !
- Craquez pour la cuisine des ch'tis !
- Craquez pour les graines germées !
- Craquez pour les petites mousses !
- Craquez pour les donuts et bagels !
- Craquez pour les flans et clafoutis !
- Craquez pour les coquillages et crustacés
- Craquez pour les desserts en cocotte !
- Craquez pour le riz et les nouilles sautés !
- Craquez pour les fondues et raclettes !
- Craquez pour les sauces et marinades !

Édition : Barbara Sabatier et Adèle Vay - Maquette : Natacha Marmouget - Fabrication : Thierry Dubus et Florence Bellot
N° d'édition : M11077- Code MDS : 73677 - ISBN : 9782842709419
Photogravure : Alliage
Achevé d'imprimer en avril 2011 par Zanardi en Italie
Dépôt légal : octobre 2010 - Édition N°2